LAROUSSE

Active Dictionary for Beginners

English-Spanish • Spanish-English

Realizado por Expertos/by experts: *María Elena Buria* y/and *Steve Lemberg*

Personajes y arte/characters and art: *Enrique Rivera*

Música, letra y producción de sonido/Music, lyrics and audio production: *Gershon Kingsley and Steve Lemberg*

Arreglo musical y ejecución/Music arranged and performed by: *Gershon Kingsley*

Ingeniero de sonido/Audio Engineer: *Sam Mason*

Vocalistas/Vocals: *Steve Lemberg, Ann Dawson, Lilian Bozinoff* y/and *Deborah B. Poizner*

Concepto/Concept: *SULA*

Composición/Typesetting: *Atelier Dominique Lemonnier*

Gerente de creación y producción/Creation and production Management: *Marc Menahem*

Gracias as las siguientes personas por su apoyo/Special thanks for their support to:
Aaron Alboukrek, Raphaëlle François, Susan Uribe, Steve Schraer, Amanda Fernández y/and *Mary Calabria*

Toda composición musical/All musical compositions: ℗ 2000 by Vashti Music, Inc., ASCAP

COEDICIÓN INTERNACIONAL

© Larousse/HER 2000

"D. R." © MM, por Ediciones Larousse, S. A. de C. V.
          Dinamarca núm. 81, México 06600, D. F.
"D. R." © MM, por Ediciones Larousse de Venezuela, C. A.
          Av. Diego Losada, Caracas 1011, Venezuela

Esta obra no puede ser reproducida, total o
parcialmente, sin autorización escrita del editor.

PRIMERA EDICIÓN — 1ª reimpresión

ISBN 203-540170-4 (Larousse/HER)
ISBN 970-22-0157-8 (Larousse, México)
ISBN 980-367-045-X (Larousse, Venezuela)

Larousse y el Logotipo Larousse son
marcas registradas de Larousse, S. A.

Impreso en México — Printed in Mexico

Esta obra se terminó de imprimir y encuadernar en enero de 2003
en Gráficas Monte Albán, S.A. de C.V., Fraccionamiento
Agro-Industrial La Cruz, Querétaro, Qro.

La edición consta de 5 000 ejemplares

CONTENTS • SUMARIO

Index • Índice

PEDAGOGY

According to research, children learn best when the activity at hand is fun, relevant and interactive. The same is true in second language learning. This dictionary incorporates all three mentioned variables.

• Colorful and animated characters bring action and humor to sixteen, language rich, everyday life scenarios, capturing children's interest and imagination and focusing on carefully chosen up-to-date vocabulary.

• Interactive activities, found throughout the book, allow children to apply newly acquired second language skills, while reinforcing other basic learning skills such as: matching, classifying, sequencing, etc.

• The poster, with its own set of activities, further adds to the book's interactiveness and educational value.

• Relevant phrases provide working examples of the use of the language.

Music is a universal language. The use of music and lyrics is a winning combination when teaching and learning a second language. The enclosed upbeat and contemporary sing-along disk, with its six repetition-infused songs and lyric sheet, provides the necessary pronunciation modeling to both educate and motivate the learner. As the child first hears the songs and then joins in, he/she begins to acquire the new language in a most natural and interactive way. Language skills that are acquired in a non-threatening, spontaneous and fun manner will most likely be retained.

Learning a second language with this innovative and interactive dictionary becomes a challenging and fun endeavor.

PEDAGOGÍA

Según los estudios, los niños aprenden mejor cuando participan en actividades divertidas, pertinentes e interactivas. La misma teoría puede aplicarse al aprendizaje de una segunda lengua. El diccionario interactivo Larousse incluye estos tres factores.

• Dieciséis personajes animados y pintorescos aportan acción y humor a escenas llenas de lenguaje. Estas escenas capturan el interés y la imaginación del niño y lo conducen a palabras especialmente seleccionadas. Los objetos y las acciones de los personajes de inmediato establecen una asociación con las palabras.

• Las actividades interactivas que se encuentran a lo largo de todo el libro ayudan a los niños a aplicar la técnica desarrollada en la adquisición de una segunda lengua, en tanto que técnicas básicas, como formar parejas, clasificar y ordenar, se refuerzan.

• El cartel, con sus propias actividades, se añade a la interacción y el valor educativo del libro.

• Los dos índices bilingües hacen referencia de cada palabra, brindan sus diferentes formas e indican la página donde se localiza.

• En toda la extensión del libro hay frases con ejemplos del uso del lenguaje.

• La música es un lenguaje universal. El uso de música y letras es la combinación perfecta para la enseñanza y el aprendizaje de una segunda lengua. El CD que se incluye, con música contemporánea y alegre, contribuye a la pronunciación necesaria, a fin de modelar el lenguaje y educar al estudiante. Cuando el niño escucha primero y después participa en el canto, empieza a adquirir la lengua en una forma interactiva y alegre. Cuando la lengua se adquiere en forma espontánea, divertida y relajada se retendrá casi con seguridad.

El aprendizaje de una segunda lengua por medio de este innovador e interactivo diccionario se convierte así en una agradable e interesante experiencia para cualquier niño.

INSTRUCTIONS FOR PARENTS

Parent involvement is crucial in every child's education. This innovative dictionary is designed to instruct children in second language acquisition with or without the parent(s) being directly involved. However parents are strongly encouraged to participate with their child by supervising the activities.

Colorful scene introducing an everyday situation

Time

General reference and interactive words

Everyday phrases

Spanish & English illustrated words

Numbers

Each scene is related to an activity where the child is asked to perform an action using the same words.

INSTRUCCIONES PARA LOS PADRES

La participación de los padres en la educación de los hijos es esencial. Este diccionario está diseñado para instruir a los niños en la adquisición de una segunda lengua con la ayuda de los padres o sin necesidad de su participación directa. No obstante, se recomienda que los padres cooperen con sus hijos y supervisen las actividades.

Pintoresco dibujo con situaciones diarias

Hora

Palabras interactivas y de referencia general

Frases de uso diario

Palabras ilustradas en inglés y en español

Números

Cada escena se relaciona con una actividad en la que se pide al niño que lleve a cabo una acción usando las mismas palabras.

Family Tree   El árbol genealógico

- Construct your own family tree by pasting your family photos on the appropriate squares.

- Construye tu árbol genealógico pegando retratos de tu familia en los cuadros apropiados.

grandmother
la abuela

grandfather
el abuelo

unc
el ti

mother
la mamá

father
el papá

brother
el herman

Albert - Alberto
son - el hijo

Annie - Anita
daughter - la hija

sneakers
pets - las mascotas

cati
pets - las masco

Things about me:	Cosas acerca de mí:	Name of my school ....
Hair color	Color de pelo	Nombre de mi escuela.......................
Eye color	Color de ojos	I'm in the .... grade
Height	Estatura	Estoy en el .... grado
Weight	Peso	I have .... best friends
		Tengo .... mejores amigos

cousin
el primo
la prima

aunt
la tía

sister
la hermana

me
yo

- **This is my family**
- **Ésta es mi familia**

My name is ....
Mi nombre es ....

I was born in ....,
on ....
at .... a.m./p.m.
(city, day, month,
year, time)

Yo nací en ....,
el ...., de..........
a las .... a.m./p.m.
(ciudad, día, mes,
año, hora)

I am .... years old.
Yo tengo ....
años de edad.

My favorite things:	Mis cosas favoritas:	My favorite things:	Mis cosas favoritas:
color	color	sport	deporte ....
song	canción	food	comida ....
singer	cantante	actor	actor ....
movie	película/filme	actress	actriz ....
book	libro		

Good Morning!　¡Buenos días!

- **Greetings**
- **Saludos**

Hello!
¡Hola!

Good morning!
¡Buenos días!

Good afternoon!
¡Buenas tardes!

Good evening!
¡Buenas noches!

late
tarde

outside
afuera

stretching
estirándose

waking up
despertándose

soap el jabón

bedroom
el dormitorio/
la recámara

shaving
afeitándose

iron
la plancha

ironing
planchando

early
temprano

sunrise
el amanecer

tie
la corbata

living room
la sala

watering
regando

hose
la manguera

plants
las plantas

garden
el jardín

What is the father doing?
The father is ....

¿Qué está haciendo el papá?
El papá se está ....

Where is Albert?
Albert is in ....

¿Dónde está Alberto?
Alberto está en la ....

(shaving)-(afeitando)

(bed)-(cama)

It is six o'clock in the morning.
Son las seis de la mañana.

inside
adentro

sleeping
durmiendo

fat
gordo

shower
la ducha

toothbrush
cepillo de dientes
brushing
cepillándose

furious
furioso

bathroom
baño

sound
el sonido

alarm
el despertador

time
la hora

clock
el reloj

shovel
la pala

soil
la tierra

thin
delgado

- **Greetings**
- **Saludos**

How are you?
¿Cómo estás?

Fine,
thank you.

Bien,
gracias.

How does Sneakers feel?
Sneaker feels ....

¿Cómo se siente Sneakers?
Sneakers se siente ....

(osoiɹnɟ)-(snoiɹnɟ)

What is Cati doing?
Cati is ....

¿Qué está haciendo Cati?
Cati está ....

(opuǝᴉɯɹnp)-(ƃuᴉdǝǝls)

It's Time to Dress   Hora de vestirnos

- **Days of the Week**
- **Días de la semana**

What is today?
¿Qué día es hoy?

Today is ....
Hoy es ....

Sunday
domingo

Monday
lunes

Tuesday
martes

Wednesday
miércoles

bat / el bate
hat / el sombrero
wall / la pared
shirt / la camisa
poster / el cartel
clothes / la ropa
lamp / la lámpara
door / la puerta
dressing / vistiéndose
pillow / la almohada
vest / el chaleco
bed / la cama
sweater / el suéter
shoes / los zapatos
belt / el cinturón
turtle / la tortuga
socks / las medias / los calcetines
sandals / las sandalias
messy / desordena...
jack... / la chac...

What is Albert doing?
Albert is ....

¿Qué está haciendo Alberto?
Alberto se está ....

How is Albert's bedroom?
Albert's bedroom is ....

¿Cómo está el dormitorio de Albert...
El dormitorio de Alberto está ....

(dressing)-(vistiendo)

(messy)-(desordenado)

It is seven in the morning.
Son las siete de la mañana.

neat
denado

fish
el pez

looking
mirándose

cap
la gorra

mirror
el espejo

drawer
el cajón

strong
fuerte

dresser
la cómoda

pants
los pantalones

perfume
el perfume

cat
la gata

hairbrush
el cepillo de pelo

jewelry
las joyas

blouse
la blusa

rug
a alfombra

slippers
las zapatillas
las pantuflas

skirt
la falda/la pollera

floor
el piso

handbag
el bolso

boot
la bota

- **Days of the Week**
- **Días de la semana**

What is today?

¿Qué día es hoy?

Today is ....

Hoy es ....

Thursday
jueves

Friday
viernes

Saturday
sábado

What is Annie wearing?
Annie is wearing a ....

¿Qué viste Anita?
Anita viste una ....

What did Sneakers see?
Sneakers saw a ....

¿Qué vio Sneakers?
Sneakers vio una ....

(skirt, blouse)-(falda/pollera, blusa)

(turtle)-(tortuga)

Breakfast

El desayuno

- **Months of the Year**
- **Meses del año**

What month is it?

¿Qué mes es?

It's ....

Es ....

January	enero
February	febrero
March	marzo
April	abril
May	mayo
June	junio

cabinet
el gabinete

closed
cerrado

eggs
los huevos

frying pan
la sartén

cooking
cocinando

drinking
tomando

apron
el delantal

hot
caliente

oven
el horno

stove
la estufa
la cocina

spo
la cuc

pla
el pl

knee
la rodilla

fork
el tenedor

kni
el cuc

young
joven

What is the father drinking?
The father is drinking ....

¿Qué está tomando el papá?
El papá está tomando ....

How many eggs are there?
There are a .... eggs.

¿Cuántos huevos hay?
Hay una .... de huevos.

(coffee)-(café)

(dozen)-(docena)

It is eight in the morning.
Son las ocho de la mañana.

window
la ventana

kitchen
la cocina

cereal
el cereal

cold
frío

opened
abierto

glass
el vaso

mug
la jarra

detergent
detergente

freezer
el congelador

kitchen sink
fregadero / la pileta

toaster
la tostadora

refrigerator
el refrigerador
la heladera

old
vieja

bowl
el tazón

sweeping
barriendo

napkin
la servilleta

chair
la silla

broom
la escoba

table
mesa

dust
el polvo

- **Months of the Year**
- **Meses del año**

What month is it?
¿Qué mes es?

It's ....

Es ....

July
julio

August
agosto

September
septiembre

October
octubre

November
noviembre

December
diciembre

What is Annie doing?
Annie is ....

¿Qué está haciendo Anita?
Anita está ....

(opuɐᴉɯoɔ)-(ɓuᴉʇɐǝ)

Where is Sneakers?
Sneakers is in the ....

¿Dónde está Sneakers?
Sneakers está en el ....

(ɹopɐlǝɓuoɔ)-(ɹǝzǝǝɹɟ)

FAMILY TREE

WHAT'S MISSING?

Find the missing letter.

THE FAMILY

fa__**t**__her   siste __**r**__
un ____ le   mo ____ her
b ____ other   a ____ nt
so ____   d ____ ughter

EL ÁRBOL GENEALÓGICO

¿QUÉ FALTA?

Encuentra la letra que falta.

LA FAMILIA

pap __**á**__   her _**m**_ ana
tí ____   m ____ má
her ____ ano   t ____ a
h ____ jo   hi ____ a

GOOD MORNING!

MAKE A LIST

List ten things found in a house.

1. _____ 6. _____

2. _____ 7. _____

3. _____ 8. _____

4. _____ 9. _____

5. _____ 10. _____

¡BUENOS DÍAS!

HAZ UNA LISTA

Enlista diez cosas que hay en una casa.

1. _____ 6. _____

2. _____ 7. _____

3. _____ 8. _____

4. _____ 9. _____

5. _____ 10. _____

TIME TO DRESS

FIND THE WORDS
Find the following words:
blouse, suit, shoes, shirt, dress, tie

```
s  c  x  a  d  z  i  h
c  u  q  o  r  t  i  e
h  i  i  b  h  k  b  w
d  u  c  t  m  d  l  b
r  g  a  f  s  e  o  y
e  f  p  j  s  l  u  g
s  h  i  r  t  f  s  v
s  h  o  e  s  t  e  f
```

HORA DE VESTIRNOS

ENCUENTRA LAS PALABRAS
Busca las siguientes palabras:
blusa, traje, zapatos, camisa, vestido, corbata

```
c  z  n  k  b  t  z  v
z  a  x  a  v  r  f  e
a  j  m  u  j  a  o  s
p  k  c  i  p  j  e  t
a  q  m  d  s  e  s  i
t  b  l  u  s  a  l  d
o  t  y  r  h  w  i  o
s  c  o  r  b  a  t  a
```

BREAKFAST

WHAT GOES TOGETHER?
Place an X on things that go together.

plate/tree _____
run/street _____
spoon/cup _____
fork/bed _____
knife/glass _____
napkin/platter _____
flour/sky _____
ugly/bowl _____
sun/soap _____
carpet/skates _____

Where do the things with X belong?
They belong in the _____
bedroom, bathroom, garage, kitchen.

EL DESAYUNO

¿QUÉ VA JUNTO?
Pon una X en las cosas que van juntas.

plato/árbol _____
correr/calle _____
cuchara/taza _____
tenedor/cama _____
cuchillo/vaso _____
servilleta/fuente _____
flor/cielo _____
feo/tazón _____
sol/jabón _____
alfombra/patines _____

¿A dónde pertenecen las cosas con X?
Pertenecen al/a la _____
recámara, baño, garaje, cocina.

Off We Go   Nos vamos

- **Seasons of the Year**
- **Estaciones del año**

What season are we in?

¿En qué estación del año estamos?

We are in ....

Estamos en ....

winter
el invierno

spring
la primavera

bright
brillante

sun
el sol

tree
el árbol

sky
el cielo

behind
detrás

betwee
entre

chimney
la chimenea

rake
el rastrillo

postal carrier
el cartero

mailbox
el buzón

fence
la cerca

ya
el pa

ambulance
la ambulancia

walking
caminando

friends
los amigos/las amigas

backpack
la mochila

riding
ir en

bicycle
la bicicleta

wheel
la rueda

Where is the sun?
The sun is in the ....

¿Dónde está el sol?
El sol está en el ....

What is Albert riding?
Albert is riding a ....

¿En qué va Alberto?
Alberto va en una ....

(sky)-(cielo)

(bicycle)-(bicicleta)

It is nine in the morning.
Son las nueve de la mañana.

cloud
la nube

flying
volando

roof
el techo

house
la casa

swing
el columpio

garage
el garaje

up
arriba

playing
jugando

truck
el camión

tire
el neumático
la llanta

light
la luz

slide
deslizarse

traffic light
el semáforo

down
abajo

grass
el césped/el pasto

sidewalk
la acera/
la vereda

street
la calle

skateboard
el monopatín
la patineta

- **Seasons
  of the Year**
- **Estaciones
  del año**

What season are we in?

¿En qué estación del
año estamos?

We are in ....

Estamos en ....

summer
el verano

fall
el otoño

Who is on Sneakers' back?
The .... is on Sneakers' back.

¿Quién está en la espalda de Sneakers?
La .... está en la espalda de Sneakers.

What are the children doing?
The children are ....

¿Qué están haciendo los niños?
Los niños están ....

(cat)-(gata)

(playing)-(jugando)

Time to Learn   Hora de aprender

- **Areas of Writing**
- **Partes de la escritura**

Let's write

....

Vamos a escribir

....

a paragraph
un párrafo

a sentence
una oración

a word
una palabra

a letter
una letra

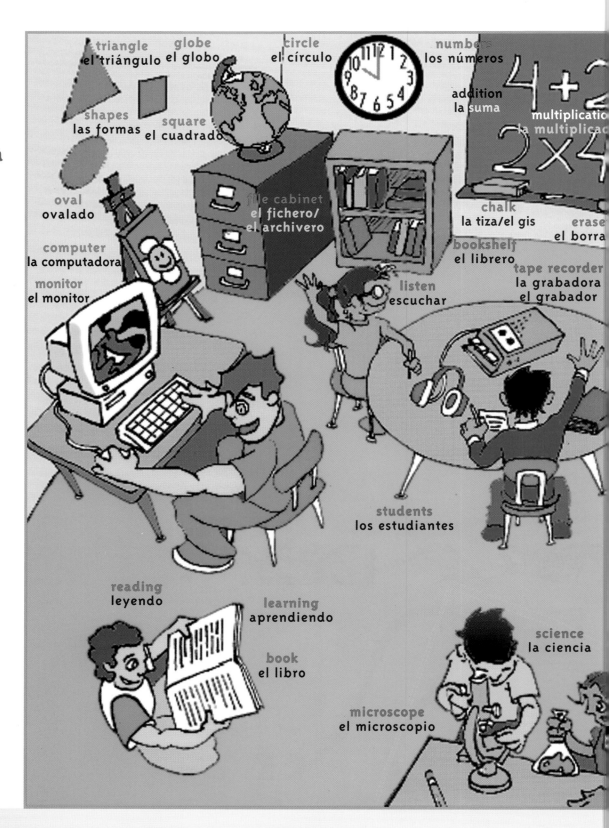

triangle
el triángulo

globe
el globo

circle
el círculo

numbers
los números

shapes
las formas

square
el cuadrado

addition
la suma

multiplication
la multiplicación

oval
ovalado

file cabinet
el fichero/
el archivero

chalk
la tiza/el gis

eraser
el borrador

computer
la computadora

bookshelf
el librero

monitor
el monitor

listen
escuchar

tape recorder
la grabadora
el grabador

students
los estudiantes

reading
leyendo

learning
aprendiendo

book
el libro

science
la ciencia

microscope
el microscopio

Where are the children?
The children are in ....

Who is standing by the map?
The .... is standing by the ma...

¿Dónde están los niños?
Los niños están en la ....

¿Quién está parada al lado del mapa?
La .... está parada al lado del ma...

(school)-(escuela)

(teacher)-(maestra)

It's ten in the morning.
Son las diez de la mañana.

math
as matemáticas

geography
la geografía

continent
el continente

map
el mapa

school
la escuela

blackboard
la pizarra
el pizarrón

teacher
a maestra

trash can
el cesto de basura

letters
las letras

writing
escribiendo

telescope
el telescopio

thinking
pensando

ising
ntando

paper
el papel

notebook
el cuaderno

pencil
el lápiz

children
os niños

diploma
el diploma

graduate
graduarse

A B
C D

- **Areas of Writing**
- **Partes de la escritura**

Let's put
....
Vamos a poner
....

a period
un punto

a comma
una coma

a question mark
un signo de interrogación

an exclamation point
un signo de exclamación

What are the children doing?
The children are . ...

¿Qué están haciendo los niños?
Los niños están ....

What shapes do you see?
I see a ...., a ...., and a ....

¿Qué formas ves?
Veo un ...., un .... y un ....

(opuǝᴉpuǝɹde)-(ɓuᴉuɹeǝl)

(opɐɹpenɔ 'olnɓuɐᴉɹʇ 'olnɔɹᴉɔ)-(ǝɹenbs 'ǝlɓuɐᴉɹʇ 'ǝlɔɹᴉɔ)

Feelings   Los sentimientos

- **The Five Senses**
- **Los cinco sentidos**

I see with my eyes.
Yo veo con mis ojos.

I hear with my ears.
Yo oigo con mis oídos.

water
el agua

fountain
la fuente

happy
feliz

money
el dinero

umbrella
el paraguas

afraid
asustad

bird
el pájaro

nest
el nido

branch
la rama

butterfly
la mariposa

kiss
el beso

hear
el cora

trunk
el tronco

angry
enojado

love
el amor

picnic
el picnic

ugly
feo

toad
el sapo

frog
la rana

pret
boni

How does the toad look?
The toad looks ....

¿Cómo luce el sapo?
El sapo luce ....

Why is Sneakers happy?
Sneakers is happy because he has ....

¿Por qué Sneakers está feliz?
Sneakers está feliz porque tiene ....

(ugly)-(feo)

ney)-(dinero)

It is eleven in the morning.
Son las once de la mañana.

kite
la cometa/el papalote

string
la cuerda

helicopter
el helicóptero

bench
el banco

sad
triste

word
spada

tear
la lágrima

mouse
el ratón

friend
el amigo

raccoon
el mapache

do

sleepy
soñoliento

basket
la canasta

fly
la mosca

yawning
bostezando

sandwich
el sándwich
el bocadillo

snail
el caracol

blanket
manta

- **The Five Senses**
- **Los cinco sentidos**

I taste with my tongue.

Yo saboreo con mi lengua.

I smell with my nose.

Yo huelo con mi nariz.

I touch with my fingers

Yo toco con mis dedos.

What went into Sneakers' mouth?
A .... went into Sneakers' mouth.

¿Qué entró en la boca de Sneakers?
Una .... entró en la boca de Sneakers.

Who is Sneakers' friend?
The .... is Sneakers' friend.

¿Quién es el amigo de Sneakers?
El amigo de Sneakers es el ....

(fly)-(mosca)

(raccoon)-(mapache)

Working Together   Trabajando juntos

- **Musical Instruments**
- **Instrumentos musicales**

Which instrument do you like to play?

¿Cuál instrumento te gusta tocar?

I like to play the ....

Me gusta tocar ....

clarinet
el clarinete

trombone
el trombón

trumpet
la trompeta

violin
el violín

lightbulb
la bombilla
el foco

curtain
el telón

moon
la luna

building
el edificio

costume
el disfraz

fun
la diversión

boy
el niño

girl
la niña

dancing
bailando

stage
el escenario

foot
el pie

screwdriver
el destornillad

scissors
las tijeras

accordion
el acordeón

guitar
la guitarra

tape
la cinta adhesiva

What is the boy hanging?
The boy is hanging ....

¿Qué está colgando el niño?
El niño está colgando ....

How many children are dancing?
.... children are dancing.

¿Cuántos niños están bailando?
.... niños están bailando.

It is twelve noon.
Son las doce, el mediodía.

climbing trepando
hanging colgando
ladder la escalera
decorating decorando
microphone el micrófono
saw el serrucho
singing cantando
trumpet la trompeta
director director
scarf la bufanda
flute la flauta
piano el piano
saxophone el saxofón
music la música
nail el clavo
hammer el martillo
drums los tambores

- **Musical Instruments**
- **Instrumentos musicales**

Which instrument do you like to play?

¿Cuál instrumento te gusta tocar?

I like to play the ....

Me gusta tocar ....

drum
el tambor

guitar
la guitarra

piano
el piano

saxophone
el saxofón

flute
la flauta

What is the boy playing?
The boy is playing the ....

¿Qué está tocando el niño?
El niño está tocando el ....

Who is singing?
The .... is singing.

¿Quién está cantando?
La .... está cantando.

(piano)-(piano)

(girl)-(niña)

OFF WE GO
MAKE A LIST
List ten things found outside.

1. _____ 6. _____

2. _____ 7. _____

3. _____ 8. _____

4. _____ 9. _____

5. _____ 10. _____

NOS VAMOS
HAZ UNA LISTA
Enlista diez cosas que se encuentran afuera.

1. _____ 6. _____

2. _____ 7. _____

3. _____ 8. _____

4. _____ 9. _____

5. _____ 10. _____

TIME TO LEARN
FIND THE WORDS
Find the following words:
teacher, pencil, paper, letter, notebook, ruler

```
c p e n c i l q
t a v l u z d y
c p b v a k p s
t e a c h e r j
h r u l e r i y
d e l e t t e r
o w g n f m x z
n o t e b o o k
```

HORA DE APRENDER
ENCUENTRA LAS PALABRAS
Busca las siguientes palabras:
maestra, lápiz, papel, letra, cuaderno, regla

```
c u a d e r n o
a u i c s e x g
u r b f q g h t
s p a p e l p l
j o e l v a d e
z l a p i z y t
x n e w z k m r
m a e s t r a a
```

FEELINGS

WHAT'S MISSING?

Find the missing letter.

hap __ **p** __ y   sa _**d**__
angr _____   bor _____ d
s _____ y   si _____ k
con _____ used   sc _____ red
che _____ rful   exci _____ ed
jeal _____ us   alo _____ e
emba _____ rassed   wel _____

LOS SENTIMIENTOS

¿QUÉ FALTA?

Encuentra la letra que falta.

f _**e**__ liz   trist __**e**_
en _____ jado (a)   _____ burrido (a)
conf _____ so (a)   asu _____ tado (a)
tím _____ do (a)   en _____ ermo (a)
aleg _____ e   excit _____ do (a)
cel _____ so (a)   sol _____ (a)
avergo _____ zado (a)   bie _____

WORKING TOGETHER

WHAT GOES TOGETHER?
Place an X on things that go together.

violin/drum   _____
house/ocean   _____
plant/harp   _____
piano/table   _____
trumpet/wall   _____
carpet/clarinet   _____
trombone/flute   _____
water/guitar   _____
saxophone/chair   _____

Where do the things with X belong?
They belong in the _____
kitchen, office, orchestra, blanket.

TRABAJANDO JUNTOS

¿QUÉ VA JUNTO?
Pon una X en las cosas que van juntas.

violín/tambor   _____
casa/océano   _____
planta/arpa   _____
piano/mesa   _____
trompeta/pared   _____
alfombra/clarinete   _____
trombón/flauta   _____
agua/guitarra   _____
saxofón/silla   _____

¿A dónde pertenecen las cosas con X?
Pertenecen a la _____
cocina, oficina, orquesta, manta.

What's Happening? ¿Qué pasa?

- Jobs
- Trabajos

What do you want to be?

¿Qué quieres ser?

I want to be a ....

Yo quiero ser ....

baker
panadero(a)

chef
cocinero(a)

lawyer
abogado(a)

burning
quemándose

flames
las llamas

police station
la comandancia
de policía/la comisaría

business
el negocio

la ci

fire engine
el carro
de bomberos

big
grande

firefighter
el bombero

dog
el perro

new
nuevo

first
el primero

race
la carrera

victory
la victoria

train
el tren

win
ganar

conductor
el conductor

transportation
el transporte

What is burning?
The .... is burning.

¿Qué se está quemando?
El .... se está quemando.

Who is arresting the robber?
The .... is arresting the robber.

¿Quién está arrestando al ladrón?
El .... está arrestando al ladrón.

(building)-(edificio)

(police officer)-(policía)

It is one in the afternoon.
Es la una de la tarde.

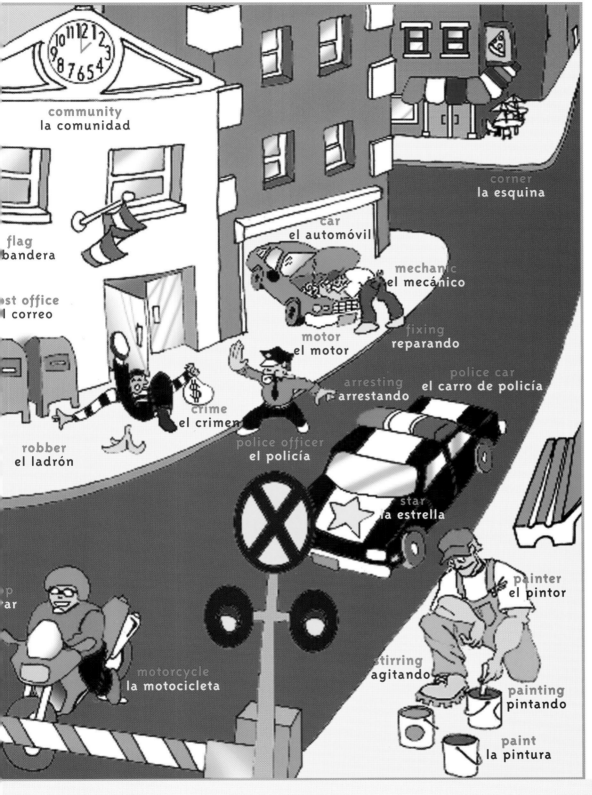

community
la comunidad

corner
la esquina

car
el automóvil

mechanic
el mecánico

flag
bandera

motor
el motor

fixing
reparando

ost office
l correo

arresting
arrestando

police car
el carro de policía

crime
el crimen

robber
el ladrón

police officer
el policía

star
la estrella

op
ar

painter
el pintor

motorcycle
la motocicleta

stirring
agitando

painting
pintando

paint
la pintura

- **Jobs**
- **Trabajos**

What do you want
to be?

¿Qué quieres ser ?

I want to be a ....

Yo quiero ser ....

electrician
electricista

dentist
dentista

professor
profesor(a)

photographer
fotógrafo(a)

What is the mechanic fixing?
The mechanic is fixing the ....

¿Qué está reparando el mecánico?
El mecánico está reparando el ....

Where is the flag?
The flag is at the ....

¿Dónde está la bandera?
La bandera está en el ....

(car)-(automóvil)

(post office)-(correo)

At the Zoo

En el zoológico

- **Animals**
- **Animales**

Which is your favorite animal?

¿Cuál es tu animal preferido?

My favorite animal is the ....

Mi animal favorito es

....

camel
el camello

goose
el ganso

hippopotamus
el hipopótamo

horse
el caballo

kangaroo
el canguro

(ice cream)-(helado)

bear
el oso

fire
el fuego

jumping
saltando

seal
la foca

tiger
el tigre

man
el hombre

balloons
los globos

child
la niña

sweet
dulce

lion
el león

ven
el ven

crossin
cruzand

gorilla
el gorila

furious
furioso

mean
malo

bridge
el puente

banana
la banana
el plátano

hungry
hambriento

What is the man selling?
The man is selling ....

Who is jumping through fire?
The .... is jumping through fire.

¿Qué está vendiendo el señor?
El señor está vendiendo ....

¿Quién está saltando a través del fuego
El .... está saltando a través del fue

(ice cream)-(helado)

er)-(tigre)

It is two in the afternoon.
Son las dos de la tarde.

hiding
escondiéndose

long
largo

people
la gente

waiting
esperando

giraffe
la jirafa

rhinoceros
el rinoceronte

huge
enorme

escaping
escapando

small
pequeño

fast
rápido

chase
perseguir

danger
el peligro

several
varios

boat
el bote

oar
el remo

alligator
el caimán

penguins
los pingüinos

ducks
los patos

elephant
el elefante

- **Animals**
- **Animales**

Which is your favorite animal?

¿Cuál es tu animal preferido?

My favorite animal is the ....

Mi animal favorito es

....

lamb
el carnero

monkey
el mono

ostrich
el avestruz

peacock
el pavo real

zebra
la cebra

wolf
el lobo

Which animal has the long neck?
The .... has the long neck.

¿Cuál animal tiene el cuello largo?
La .... tiene el cuello largo.

Where is Annie sitting?
Annie is sitting on the ....

¿Dónde está sentada Anita?
Anita está sentada en el ....

(giraffe)-(jirafa)

(elephant)-(elefante)

Let's Go Shopping Vámonos de compra

- **Fruits and Vegetables**
- **Frutas y Verduras**

What are you going to buy?

¿Qué vas a comprar?

I'm going to buy

....

Voy a comprar

....

apples
las manzanas

cantaloupes
los melones

watermelon
una sandía

carrots
las zanahorias

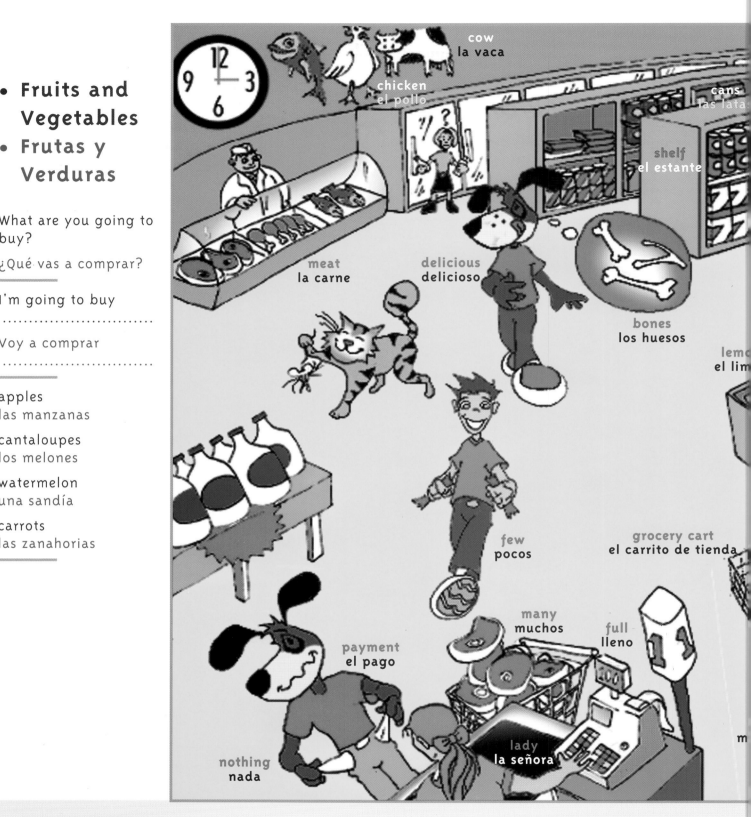

cow
la vaca

chicken
el pollo

cans
las latas

shelf
el estante

meat
la carne

delicious
delicioso

bones
los huesos

lem
el lim

few
pocos

grocery cart
el carrito de tienda

many
muchos

full
lleno

payment
el pago

lady
la señora

nothing
nada

Where is Sneakers?
Sneakers is at the ....

¿Dónde está Sneakers?
Sneakers está en el ....

What does Sneakers need to do?
Sneakers needs to ....

¿Qué necesita hacer Sneakers?
Sneakers necesita ....

(market)-(mercado)

(pay)-(pagar)

It is three in the afternoon.
Son las tres de la tarde.

MARKET
MERCADO

tting
ando

ham
el jamón

cheese
el queso

putting
colocando

push
empujar

orange
la naranja

cauliflower
las coliflores

buying
comprando

celery
el apio

corn
el maíz

lettuce
la lechuga

carrot
la zanahoria

vegetables
las verduras

gentleman
el señor

dustpan
el recogedor

lime
la lima

strawberry
la fresa
la frutilla

watermelon
la sandía

pear
la pera

apple
la manzana

empty
vacío

fruit
las frutas

cleaning
limpiando

pineapple
la piña
el ananá

mop
el trapeador

- **Fruits and Vegetables**
- **Frutas y Verduras**

What are you going to buy?

¿Qué vas a comprar?

I'm going to buy
....

Voy a comprar
....

cauliflowers
las coliflores

grapes
las uvas

lettuces
las lechugas

pears
las peras

tomatoes
los tomates

Which vegetable is orange?
The .... is orange.

¿Cuál verdura es anaranjada?
La .... es anaranjada.

What is the man getting?
The man is getting ....

¿Qué está tomando el señor?
El señor está tomando ....

(carrot)-(zanahoria)

(limes)-(limas)

At the Park   En el parque

- **The weather**
- **El tiempo**

How is the weather?

¿Cómo está el tiempo?

It is ....

Está ....

hot
caliente

cold
frío

windy
ventoso

Where are Albert and Sneakers?
Albert and Sneakers are at the ....

¿Dónde están Alberto y Sneakers?
Alberto y Sneakers están en el ....

What is Albert playing?
Albert is playing ....

¿Qué juega Alberto?
Alberto juega ....

(park)-(parque)

(soccer)-(fútbol)

It is four in the afternoon.
Son las cuatro de la tarde.

- **The weather**
- **El tiempo**

How is the weather?

¿Cómo está el tiempo?

It is ....

Está ....

cloudy
nublado

rainy
lluvioso

sunny
soleado

stadium
el estadio

light
ligero

camera
la cámara

scoreboard
el marcador

crowd
la multitud

basketball
baloncesto

racquet
la raqueta

soda
la soda

sitting
sentándose

style
bato

selling
vendiendo

ice
el hielo

coach
el entrenador

referee
el árbitro

hotdog
el perro caliente
el pancho

soccer
el fútbol

yelling
gritando

uniform
el uniforme

field
el campo/la cancha

kicking
pateando

What is Sneakers holding?
Sneakers is holding a ....

¿Qué está agarrando Sneakers?
Sneakers está agarrando un ....

What did Albert kick?
Albert kicked the ....

¿Qué pateó Alberto?
Alberto pateó la ....

(trophy)-(trofeo)

(ball)-(pelota)

WHAT'S HAPPENING?

WHAT'S MISSING?

Find the missing letter.

VEHICLES

ca **r** ___   tr ___**a**___ in
bu ____   airp_____ ane
helic ____ pter   bicy _____ le
tax ____   sh _____ p
sailb ____ at   motorc ____ cle
va ____   tru _____ k
amb ____ lance   submar ____ ne

¿QUÉ PASA?

¿QUÉ FALTA?

Encuentra la letra que falta.

VEHÍCULOS

auto _____ **m** óvil   tre ___**n**___
auto _____ ús   avió_____
helicópt_____ ro   bicicl _____ ta
ta _____ i   bar _____ o
barco de v ____ la   motoci____ leta
camion _____ ta   cami _____ n
ambula _____ cia   sub _____ arino

AT THE ZOO

MAKE A LIST

List eight zoo animals.

1. _____   5. _____

2. _____   6. _____

3. _____   7. _____

4. _____   8. _____

EN EL ZOOLÓGICO

HAZ UNA LISTA

Enlista ocho animales del zoológico.

1. _____   5. _____

2. _____   6. _____

3. _____   7. _____

4. _____   8. _____

LET'S GO SHOPPING

WHAT GOES TOGETHER ?

Place an X on things that go together.

milk/gasoline ____   flour/cheese ____
cloud/onion ____   garlic/sugar ____
curtain/lamp ____   carrots/cake ____
bread/sofa ____   pillow/juice ____
butter/grass ____   yogourt/soil ____

Where do the things with X belong?

They belong in the _____
market, post office, hospital, park.

VÁMONOS DE COMPRAS

¿QUÉ VA JUNTO?

Pon una X en las cosas que van juntas.

leche/gasolina/nafta ____   harina/queso ____
nube/cebolla ____   ajo/azúcar ____
telón/lámpara ____   zanahoria/torta/pastel __
pan/sofá ____   almohada/ jugo ____
mantequilla/
manteca/césped ____   yogur/tierra ____

¿A dónde pertenecen las cosas con X?

Pertenecen al _____
mercado, correo, hospital, parque.

AT THE PARK

FIND THE WORDS

Find the following words:
soccer, game, flag, trophy, uniform, field

```
u  x  p  j  d  t  z  f
u  n  i  f  o  r  m  i
r  q  c  l  t  o  g  e
f  g  e  a  i  p  y  l
r  a  k  g  b  h  a  d
l  m  z  v  m  y  v  x
y  e  s  o  c  c  e  r
c  s  u  k  z  n  t  e
```

EN EL PARQUE

ENCUENTRA LAS PALABRAS

Busca las siguientes palabras:
fútbol, juego, bandera, trofeo, uniforme, campo

```
x  u  i  g  n  h  t  b
c  o  b  t  j  c  r  a
t  a  j  f  u  d  o  n
e  v  m  a  e  k  f  d
m  l  s  p  g  x  e  e
f  ú  t  b  o  l  o  r
y  q  w  r  v  p  z  a
u  n  i  f  o  r  m  e
```

At the Hospital

- **Body Parts**
- **Partes del cuerpo**

Name some body parts.

Nombra algunas partes del cuerpo.

face
la cara

neck
el cuello

back
la espalda

elbow
el codo

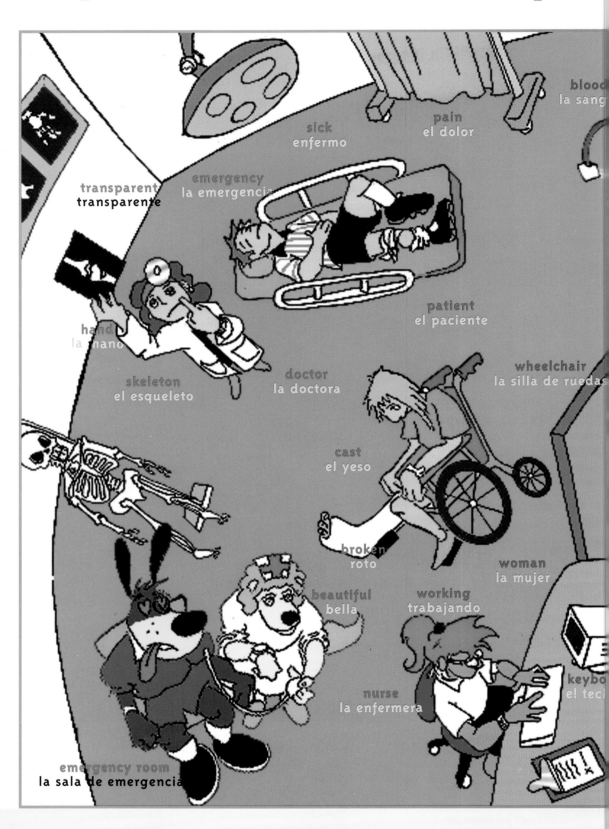

transparent
transparente

sick
enfermo

pain
el dolor

blood
la sang

emergency
la emergencia

hand
la mano

skeleton
el esqueleto

doctor
la doctora

patient
el paciente

wheelchair
la silla de ruedas

cast
el yeso

broken
roto

woman
la mujer

beautiful
bella

working
trabajando

nurse
la enfermera

keybo
el tec

emergency room
la sala de emergencia

Where is Albert?
Albert is at the ....

¿Dónde está Alberto?
Alberto está en el ....

Who is helping Albert?
The .... is helping Albert.

¿Quién está ayudando a Alberto?
El .... está ayudando a Alberto.

(lɐʇᴉdsoɥ)-(lɐʇᴉdsoɥ)

(ɹoʇɔop)-(ɹoʇɔop)

It is five in the afternoon.
Son las cinco de la tarde.

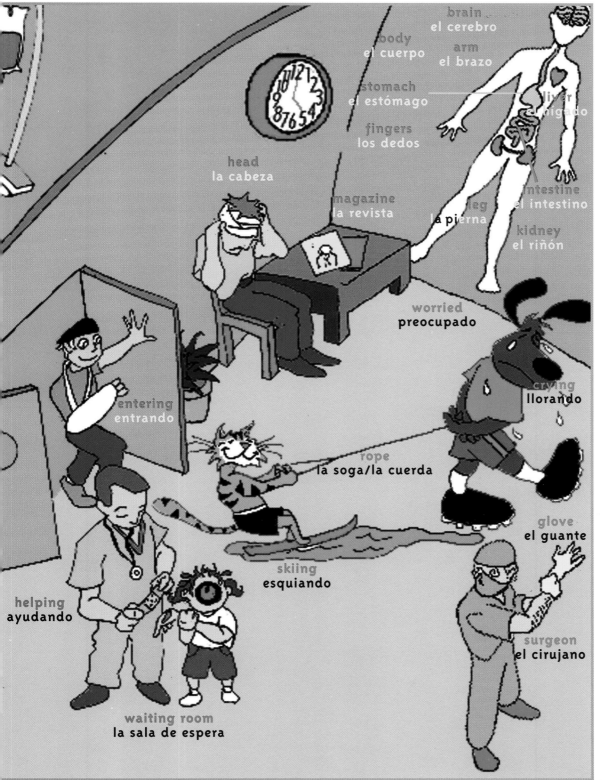

brain
el cerebro

body
el cuerpo

arm
el brazo

stomach
el estómago

liver
el hígado

fingers
los dedos

head
la cabeza

magazine
la revista

leg
la pierna

intestine
el intestino

kidney
el riñón

worried
preocupado

entering
entrando

crying
llorando

rope
la soga/la cuerda

helping
ayudando

skiing
esquiando

glove
el guante

surgeon
el cirujano

waiting room
la sala de espera

- **Body Parts**
- **Partes del cuerpo**

Name some body parts.

Nombra algunas partes del cuerpo.

wrist
la muñeca

hip
la cadera

thigh
el muslo

knee
la rodilla

ankle
el tobillo

How does Sneakers feel?
Sneakers feels ....

¿Cómo se siente Sneakers?
Sneakers se siente ....

What is Cati doing?
Cati is ....

¿Qué está haciendo Cati?
Cati está ....

(worried)-(preocupado)

(skiing)-(esquiando)

Airport — El aeropuerto

- **Things**
- **Cosas**

What is in the suitcase?

¿Qué hay en la maleta?

There is a ....

Hay ....

bill
un billete

bracelet
una pulsera

calculator
una calculadora

coin
una moneda

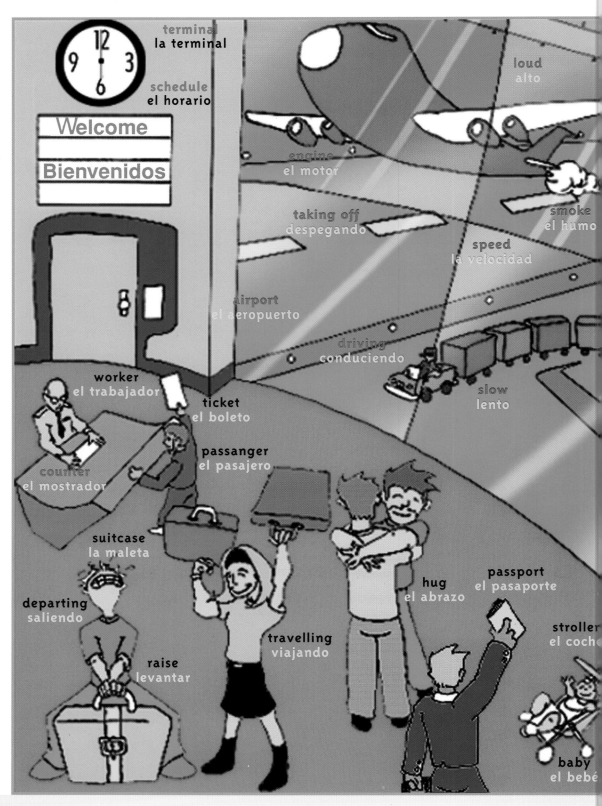

terminal
la terminal

schedule
el horario

Welcome

Bienvenidos

loud
alto

engine
el motor

taking off
despegando

smoke
el humo

speed
la velocidad

airport
el aeropuerto

driving
conduciendo

slow
lento

worker
el trabajador

ticket
el boleto

passanger
el pasajero

counter
el mostrador

suitcase
la maleta

passport
el pasaporte

hug
el abrazo

stroller
el coche

departing
saliendo

travelling
viajando

raise
levantar

baby
el bebé

Who rides on airplanes?
.... ride on airplanes.

¿Quién viaja en los aviones?
Los .... viajan en los aviones.

Where do airplanes land?
Airplanes land in ....

¿Dónde aterrizan los aviones?
Los aviones aterrizan en los ....

(Passengers)-(pasajeros)

(airports)-(aeropuertos)

It is six in the evening.
Son las seis de la noche.

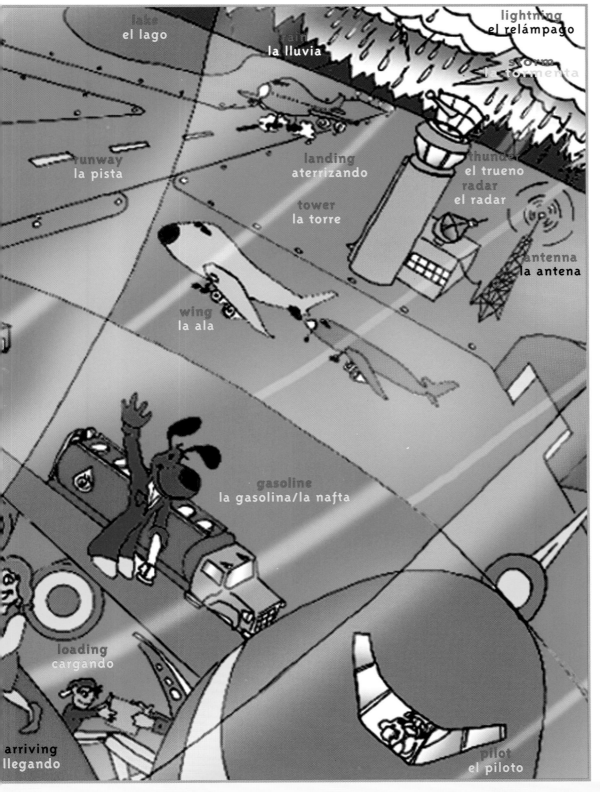

- **Things**
- **Cosas**

What is in the suitcase?

¿Qué hay en la maleta?

There is a ....

Hay ....

cream
una crema

dictionary
un diccionario

glove
un guante

license
una licencia

Is an airplane light or heavy?
An airplane is ....

¿Un avión es liviano o pesado?
Un avión es ....

(opesəd)-(ʎʌɐǝɥ)

What are the people carrying?
The people are carrying ....

¿Qué llevan las personas?
Las personas llevan ....

(sɐʇǝlɐɯ)-(sǝsɐɔʇıns)

Birthday   El cumpleaños

- **Gifts**
- **Regalos**

What do you want for your birthday ?

¿Qué quieres para tu cumpleaños ?

I want a ....

Yo quiero ....

toy
un juguete

doll
una muñeca

game
un juego

radio
un radio

vase
el jarrón

radio
la radio

brown
marrón/café

holding
sosteniendo

party
la fiesta

flower
las flo
purple
morado

black
negro

jealous
celoso

tablecloth
el mantel

sofa
el sofá

bre
el

telephone
el teléfono

white
blanco

gif
el reg

What is Albert going to blow?
Albert is going to blow the ....

¿Qué va a soplar Alberto?
Alberto va a soplar las ....

Why is Albert getting gifts?
Because it is his ....

¿Por que Alberto está recibiendo regalos
Por que es su ....

(candles)-(velas)

irthday)-(cumpleaños)

It is seven in the evening.
Son las siete de la noche.

bration
ebración

red
rojo

air
aire

yellow
amarillo

blue
azul

orange
anaranjado

office
la oficina

laughing
riendo

blow
soplar

stel
orta

desk
el escritorio

candles
las velas

pink
rosado

smile
la sonrisa

pepper
la pimienta

juice
el jugo

food
la comida

applauding
aplaudiendo

dinner
la cena

television
la televisión

salad
la ensalada

green
verde

box
la caja

- **Gifts**
- **Regalos**

What do you want for
your birthday?

¿Qué quieres para tu
cumpleaños?

I want a ....

Yo quiero ....

pen
un bolígrafo

watch
un reloj

necklace
un collar

How does Sneakers feel?
Sneakers feels ....

¿Cómo se siente Sneakers?
Sneakers se siente ....

(osolec)-(snolaɔ)

Who is walking on the table?
The .... is walking on the table.

¿Quién está caminando en la mesa?
La .... está caminando en la mesa.

(ɐʇɐɓ)-(ʇɐɔ)

See You!   ¡Nos vemos!

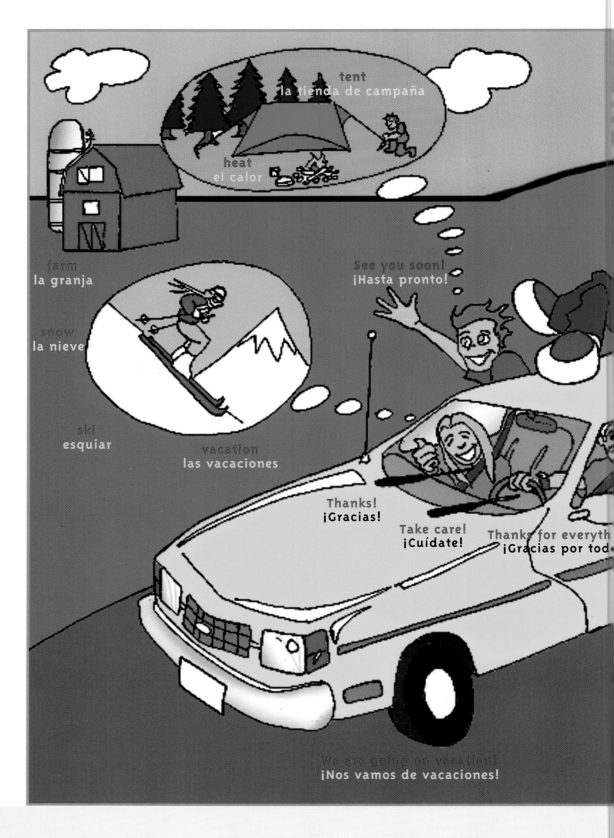

tent
la tienda de campaña

heat
el calor

farm
la granja

See you soon!
¡Hasta pronto!

snow
la nieve

ski
esquiar

vacation
las vacaciones

Thanks!
¡Gracias!

Take care!
¡Cuídate!

Thanks for everyth
¡Gracias por tod

We are going on vacation!
¡Nos vamos de vacaciones!

Where is the family going?
The family is going on a ....

¿Adónde va la familia?
La familia se va de ....

What is the father doing?
The father is ....

¿Qué está haciendo el papá?
El papá está ....

(vacation)-(vacaciones)

(fishing)-(pescando)

What did the father catch?
The father caught a ....

¿Qué atrapó el papá?
El papá atrapó un ....

What is Sneakers doing?
Sneakers is ....

¿Qué está haciendo Sneakers?
Sneakers está ....

(zəd)-(ysıɟ)

(opuɐɥos)-(ɓuıɯɐǝɹp)

AT THE HOSPITAL

WHAT'S MISSING?

Find the missing letter.

BODY PARTS

fa __c__ e		l __e__ g	
no ___ e		ar ___	
tong ___ e		e ___ e	
fin ___ er		nec ___	
kne ___		ea ___	
mou ___ h		nai ___	
ha ___ d		lip ___	
hai ___		ch ___ n	
sto ___ ach		che ___ t	
bac ___		ank ___ e	
elbo ___		wri ___ t	
hi ___		wais ___	
foo ___		too ___ h	

EN EL HOSPITAL

¿QUÉ FALTA?

Encuentra la letra que falta.

PARTES DEL CUERPO

ca __r__ a		pi __e__ rna	
nari ___		bra ___ o	
len ___ ua		oj ___	
ded ___		cuel ___ o	
rod ___ lla		or ___ ja	
boc ___		uñ ___	
man ___		lab ___ os	
pe ___ o		barb ___ lla	
estóm ___ go		pech ___	
espa ___ da		tobi ___ lo	
co ___ o		muñ ___ ca	
çad ___ ra		cint ___ ra	
		dien ___ e	

AIRPORT

WHAT GOES TOGETHER?

Place an X on things that go together.

pilot/ticket _____
house/runway _____
airport/trip _____
suitcase/butterfly _____
tree/table _____
toaster/passenger _____

Where do the things with X belong?

They belong in the _____
zoo, market, river, airport.

EL AEROPUERTO

¿QUÉ VA JUNTO?

Pon una X en las cosas que van juntas.

piloto/boleto _____
casa/pista _____
aeropuerto/viaje _____
maleta/mariposa _____
árbol/mesa _____
tostadora/pasajero ____

¿A dónde pertenecen las cosas con X?

Pertenecen al _____
zoológico, mercado, río, aeropuerto.

BIRTHDAY

MAKE A LIST

List ten foods you like to eat.

1. _____ 6. _____
2. _____ 7. _____
3. _____ 8. _____
4. _____ 9. _____
5. _____ 10. _____

EL CUMPLEAÑOS

HAZ UNA LISTA

Enlista diez comidas que te gusta comer.

1. _____ 6. _____
2. _____ 7. _____
3. _____ 8. _____
4. _____ 9. _____
5. _____ 10. _____

SEE YOU!

FIND THE WORDS

Find the following words:
beach, sand, river, canoe, towel, ocean

```
t  v  b  c  b  q  r  t
d  s  e  r  i  v  e  r
e  c  a  n  o  e  z  f
m  t  c  n  a  p  g  y
j  o  h  t  d  s  u  n
i  w  u  m  l  x  o  m
k  e  h  o  c  e  a  n
k  l  w  x  z  v  a  y
```

¡NOS VEMOS!

ENCUENTRA LAS PALABRAS

Busca las siguientes palabras:
playa, arena, río, canoa, toalla, océano

```
x  i  p  l  a  y  a  u
t  b  c  k  r  j  d  t
o  r  í  o  e  o  w  v
a  h  a  f  n  g  n  q
l  e  p  c  a  n  o  a
l  l  v  q  u  m  g  r
a  r  o  c  é  a  n  o
y  r  s  s  t  z  n  z
```

PRONUNCIATION GUIDE

SPANISH

A general rule when pronouncing Spanish words is to place emphasis on the last syllable except when the words end with a vowel, a " n " or a " s ". In these instances, emphasis is placed on the second to last syllable.

PARTICULARS

Spanish	English
C	K or S
I	Long E
U	Long O
Y	Long E or Y
Z	S
Ai	Igh
Cua/cue	Qua /que
Ll	Y
Ña/ño	Nya/nyo
Qu	K

In the index verbs are shown in bold and adjectives in italics. Page numbers are given at each word to show where to find the word in the dictionary. The letter 'c' indicates that the word can be found on the poster (cartel in Spanish).

A

B

C

CH

D

E

Índice/Index

N

O

P

Q

R

S

T

U

V

W·X·Y·Z

Índice / Index

GUÍA DE PRONUNCIACIÓN

Cuando se pronuncian palabras en inglés, la regla general es que si una palabra tiene tres o más sílabas, el énfasis o acento cae en la primera sílaba.

PARTICULARIDAD	Inglés	Español
	C	K
	I	I o Ai
	U	I u

Los verbos en el índice están en negrita y los adjetivos en cursiva. Todas las palabras indican la página donde se encuentran. Cuando hay una letra p, ésta señala que la palabra se encuentra en el cartel (poster, en inglés).

c

I

ice - el hielo 33
ice cream - el helado .... p
in - en 8
insect - el insecto .... p
inside - adentro 9
instrument - el instrumento 22
intestine - el intestino 37
iron - la plancha 8
iron - planchar 8
ironing - planchando 8

J

jacket - la chaqueta 10
January - enero 11
jealous - celoso (a) 40
jewelry - las joyas 11
journalist - el/la periodista .... p
juice - el jugo 41
July - julio 13
jump - saltar 28
jumping - saltando 28
June - junio 12

K

kangaroo - el canguro 28
keyboard - el teclado 36
kick - patear 33
kicking - pateando 33
kidney - el riñón 37
kiss - el beso 20
kitchen - la cocina 13
kitchen sink - el fregadero/la pileta 13
kite - el papalote/la cometa 21
knee - la rodilla 12
knife - el cuchillo 12

L

ladder - la escalera 23

lady - la señora 30
lake - el lago 39
lamb - el carnero 29
lamp - la lámpara 10
land - aterrizar 38
landing - aterrizando 39
late - tarde 8
laugh - reír 32
laughing - riendo 41
lawyer - el abogado/la abogada 26
learn - aprender 18
learning - aprendiendo 18
leave - la hoja .... p
leg - la pierna 37
lemon - el limón 30
letter - la letra 18
lettuce - la lechuga 31
license - la licencia 39
life - la vida 43
light - la luz 17
light - ligero (a)/liviano (a) 33
lightbulb - la bombilla/el foco 22
lightning - el relámpago 39
like - gustar .... p
lime - la lima 31
lion - el león 28
listen - escuchar 18
little - poco (a) 30
liver - el hígado 37
living room - la sala 8
load - cargar 39
loading - cargando 39
long - largo (a) 29
look - mirar .... p
look - mirarse 11
looking - mirándose 11
loud - alto (a) 38
love - el amor 20
love - querer 43
low - bajo (a) 26

M

magazine - la revista 37
mailbox - el buzón 16
man - el hombre 28
many - muchos (as) 30
map - el mapa 19
March - marzo 12
market - el mercado 31
math - las matemáticas 19
May - mayo 12
me - yo 7
mean - malo (a) 28
meat - la carne 30

N

O

P·Q

R

S

Índice/Index

T

U

V·W

X·Y·Z

5. RED, YELLOW, BLUE
(chorus)

Red, yellow, blue.
Red, yellow, blue.
The primary colors are red, yellow, blue.
Red, yellow, blue.
Red, yellow, blue.
The primary colors are red, yellow, blue.

Blue, yellow, red.
Blue, yellow, red.
The primary colors are blue, yellow, red.
Blue, yellow, red.
Blue, yellow, red.
The primary colors are blue, yellow, red.

Orange and purple.
Violet and green.
Turquoise, pink, and tangerine.
Every color you have ever seen.
Starts with red, yellow, blue.

Red, yellow, blue. (red)
Red, yellow, blue. (yellow)
The primary colors are red, yellow, blue. (blue)
Blue, yellow, red. (red)
Blue, yellow, red. (yellow)
The primary colors are blue, yellow, red.

All of the colors in a rainbow.
All of the colors in a sunset too.
All of the colors in a sunrise.
All of the colors you have ever viewed.

Red, yellow, blue. (green)
Red, yellow, blue. (brown)
The primary colors are red, yellow, blue.
Blue, yellow, red. (purple)
Blue, yellow, red. (violet)
The primary colors are blue, yellow, red.

All of the colors in your garden.
Every shade and every hue.

Every color in a butterfly's wing.
Makes me want to sing!

(Chorus)
Red, yellow, blue. (tangerine)
Red, yellow, blue. (pink)
The primary colors are red, yellow, blue.
Red, yellow, blue. (grey)
Red, yellow, blue. (orange)
The primary colors are red, yellow, blue.

Blue, yellow, red.
(gold)
Blue, yellow, red.
(lavender)
The primary colors are blue, yellow, red.
Blue, yellow, red.
(copper)
Blue, yellow, red.
(silver)
( ) = Spoken

6. BODY PARTS SONG

Point to your nose.
And say, "This is my nose!"
Point to your nose.
And say, "   !"

Pull on your ear.
And say, "This is my ear!"
Pull on your ear.
And say, "   !"

Smooth back your hair.
And say, "This is my hair!"
Smooth back your hair.
And say, "   !"

Stick out your tongue.
And say, "This is my tongue!"
Stick out your tongue.
And say, "   !"

Your head and eyes are body parts.
Your nose and mouth are body parts.
Your tongue and teeth are body parts.
Your ears and neck are body parts.

Wave both your hands.
And say. "These are my hands!"
Wave both your hands.
And say. "   !"

Swing both your arms.
And say, "These are my arms!"
Swing both your arms.
And say, "   !"

Rub, rub your belly.
And say, "This is my belly!"
Rub, rub your belly.
And say, "   !"

Shake! Shake a leg!
And say, "This is my leg!"
Shake! Shake a leg!
And say, "   !"

Your chest and arms are body parts.
Wrist and hand are body parts.
Waist and stomach are body parts.
Back and hip are body parts.
Leg and knee are body parts.
Ankle and foot are body parts.
Toes and elbows are body parts.
And your belly button is a body part!

5. ROJO, AMARILLO, AZUL
Rojo, amarillo, azul.
Rojo, amarillo, azul.
Los colores primarios son rojo, amarillo,
Azul.
Rojo, amarillo, azul.
Rojo, amarillo, azul.
Los colores primarios son rojo, amarillo,
Azul.
Azul, amarillo, rojo.
Azul, amarillo, rojo.
Los colores primarios son azul, amarillo,
Rojo.
Azul, amarillo, rojo.
Azul, amarillo, rojo.
Los colores primarios son azul, amarillo,
Rojo.

Naranja y morado, violeta y verde.
Turquesa, rosa y marrón.
Todos colores que tú has visto
Empiezan con
Rojo, amarillo, azul.
Rojo, amarillo, azul.
Rojo, amarillo, azul.
Los colores primarios son rojo, amarillo,
Azul.
Azul, amarillo, rojo.
Azul, amarillo, rojo.
Los colores primarios son azul, amarillo,
Rojo.

Todos colores en un arco iris.
Todos colores en un atardecer.
Todos colores en un amanecer.
Todos colores que tú has visto

Empiezan con

Rojo, amarillo, azul. (verde)
Rojo, amarillo, azul. (marrón)
Los colores primarios son rojo, amarillo,
Azul.

Azul, amarillo, rojo. (morado)
Azul, amarillo, rojo. (violeta)
Los colores primarios son azul, amarillo,
Rojo.

Todos colores en un jardín.
Todos colores en la primavera.
Todos colores de la mariposa.
Me inspiran mucho a cantar.

Rojo, amarillo, azul. (mandarina)
Rojo, amarillo, azul. (rosa)
Los colores primarios son rojo, amarillo,
Azul.

Rojo, amarillo, azul. (gris)
Rojo, amarillo, azul. (naranja)
Los colores primarios son rojo, amarillo,
Azul.

Azul, amarillo, rojo. (oro)
Azul, amarillo, rojo. (lavanda)
Los tres colores primarios
Son azul, amarillo, rojo.

Azul, amarillo, rojo. (cobre)
Azul, amarillo, rojo. (plata)
Los tres colores primarios
Son azul, amarillo, rojo.

6. LAS PARTES DE MI CUERPO
Toca tu nariz y di...
" es mi nariz "
Toca tu nariz y di...

Aprieta tu oreja y di...
" es mi oreja "
Aprieta tu oreja y di...

Estira tu pelo y di...
" es mi pelo "
Estira tu pelo y di...

Saca la lengua y di...
" es mi lengua "
Saca la lengua y di...

Tu cabeza y ojos son partes del cuerpo.
Tu nariz y boca son partes del cuerpo.
Tu lengua y dientes son partes del cuerpo.
Tus orejas y cuello son partes del cuerpo.

Levanta las manos y di...
" son mis manos "
Levanta las manos y di...

Estira tus brazos y di...
" son mis brazos "
Estira tus brazos y di...

Frota tu panza y di...
" es mi panza "
Frota tu panza y di...

Estira la pierna y di...
" es mi pierna "
Estira la pierna y di...

Tu pecho y brazos son partes del cuerpo.
Tu muñeca y manos son partes del cuerpo.
Tu cintura y estómago son partes del cuerpo.
Tu pierna y rodilla son partes del cuerpo.
Tu tobillo y pie son partes del cuerpo.
¡Y tu ombligo también es una parte del cuerpo!

1. a) Where do you want to go Annie?
   ¿Adónde quieres ir, Anita?

   b) I want to go to the beauty parlor.
   Quiero ir a la peluquería.

2. a) Don't be late Albert!
   ¡No llegues tarde Alberto!

   b) I won't be late mother!
   ¡No llegaré tarde mamá!

3. a) Hi! I'm Albert. Do you want to play?
   ¡Hola! Yo soy Alberto. ¿Quieres jugar?

   b) I'm Juan! Yes, let's play!
   ¡Soy Juan! ¡Sí, vamos a jugar!

4. a) Which toy do you like?
   ¿Cuál juguete te gusta?

   b) I like all the toys!
   A mí me gustan todos los juguetes.

5. a) Computers are fun! I want one!
   ¡Las computadoras son divertidas! ¡Yo quiero una!

6. a) Hurry up!
   ¡Apúrate!

   b) I'm trying!
   ¡Eso trato!

7. a) Thank you
   Gracias po

   b) You're we
   De nada.

   c) Don't wor
   ¡No se pre
   recoger es

8. a) Come bac
   ¡Regresa!

   b) It hurts!
   ¡Duele!

ing me.
rme.

9. a) What's happening?
       ¿Qué pasa?

    b) We are having fun!
       ¡Nos divertimos!

ck these up!
Yo voy a

    c) Come with us!
       ¡Vengan con nosotros!

    d) Are you having fun?
       ¿Se están divirtiendo?

got your tooth!
idó tu diente!

    e) Yes, this is wonderful!
       ¡Sí, esto es maravilloso!

10. a) Get off my head!
       ¡Quítate de mi cabeza!

11. a) You did a good job!
       ¡Hizo un buen trabajo!

    b) Thank you very much.
       ¡Muchas gracias!

12. a) We are eating ice cream!
       ¡Estamos comiendo helado!

13. a) Who is that?
       ¿Quién es ése?

    b) That's my dog Sneakers!
       Ése es mi perro… ¡Sneakers!

14. a) Come bac
       ¡Regresa!

    b) I'm going
       ¡Te voy a

    c) I have to
       ¡Me teng

15. a) I'm hungr
       ¡Tengo ha

    b) This fish i
       ¡Este pesc

3. WHAT ARE YOU WEARING TODAY?

(chorus)
What are you wearing today?
What are you wearing today?
What are you wearing?
What are you wearing?
What are you wearing today?

I am wearing clothes today.
I am wearing clothes today.
I am wearing clothes.
I am wearing clothes.
I am wearing clothes today.

What do you wear on your head?
What do you wear on your head?
What do you wear?
What do you wear?
What do you wear on your head?

I wear a cap on my head.
I wear a cap on my head.
I wear a cap.
I wear a cap.
I wear a cap on my head.

What do you wear when it's cold?
What do you wear when it's cold?
What do you wear?
What do you wear?
What do you wear when it's cold?

I wear a coat when it's cold.
I wear a coat when it's cold.
I wear a coat.
I wear a coat.
I wear a coat when it's cold.

What do you wear when you are happy?
What do you wear when you are happy?
What do you wear?
What do you wear?
What do you wear when you are happy?

I wear a smile when I am happy.
I wear a smile when I am happy.
I wear a smile.
I wear a smile.
I wear a smile when I am happy.

What are you wearing today?
What are you wearing today?
What are you wearing?
What are you wearing?
What are you wearing today?

4. GETTING THERE

How are you going to get there?
When it's time to go.
How are you going to get there?
When it's time to go.
How are you going to get there?
When it's time to go, go, go.
How are you going to get there?

How are you going to get there?
When it's time for school.
How are you going to get there?
When it's time for school.
How are you going to get there?
When it's time to go to school.

Will you walk with your best friend?
All the way to school.
Will you ride on a school bus?
All the way to school.
Will you skate board or roller blade?
All the way to school.
And will you arrive on time in the morning?

How are you going to get there?
When you are far away.
How are you going to get there?
When you are far away.
How are you going to get there?
When you are very far away.

Will you fly on a jet plane?
When you are far away.
Will you ride on a fast train?
When you are far away.
Will you soar on a spaceship?
When you are far away.
And will you arrive on time?

How are you going to get there?
When it's time to go.
How are you going to get there?
When it's time to go.
How are you going to get there?
When it's time to go, go, go.
Tell me!
How are you going to get there?

3. ¿QUÉ TIENES PUESTO HOY?

¿Qué tienes puesto hoy?
¿Qué tienes puesto hoy?
¿Qué tienes puesto?
¿Qué tienes puesto?
¿Qué tienes puesto hoy?

Hoy tengo ropa puesta.
Hoy tengo ropa puesta.
Ropa puesta.
Ropa puesta.
Hoy tengo ropa puesta.

¿Qué te pones en la cabeza?
¿Qué te pones en la cabeza?
¿Qué te pones?
¿Qué te pones?
¿Qué te pones en la cabeza?

Me pongo un gorro en la cabeza.
Me pongo un gorro en la cabeza.
Me pongo un gorro.
Me pongo un gorro.
Me pongo un gorro en la cabeza.

¿Qué te pones cuando hace frío?
¿Qué te pones cuando hace frío?
¿Qué te pones?
¿Qué te pones?
¿Qué te pones cuando hace frío?

Me pongo un abrigo cuando hace frío.
Me pongo un abrigo cuando hace frío.
Un abrigo.
Un abrigo.
Me pongo un abrigo cuando hace frío.

¿Qué te pones cuando estás alegre?
¿Qué te pones cuando estás alegre?
¿Qué te pones?
¿Qué te pones?
¿Qué te pones cuando estás alegre?

Me pongo una sonrisa.
Me pongo una sonrisa.
Una sonrisa.
Una sonrisa.
Me pongo una sonrisa cuando estoy alegre.

¿Qué tienes puesto hoy?
¿Qué tienes puesto hoy?
¿Qué tienes puesto?
¿Qué tienes puesto?
¿Qué tienes puesto hoy?
¿Qué tienes puesto hoy?
¿Qué tienes puesto hoy?

4. CÓMO LLEGAR

¿Cómo vas a ir cuando llegue la hora?
¿Cómo vas a ir cuando llegue la hora?
¿Cómo vas a ir cuando llegue la hora?

¿Cómo vas a ir? ¿Ir a la escuela?
¿Cómo vas a ir? ¿Ir a la escuela?
¿Cómo vas a ir? ¿Ir a la escuela?

¿Irás caminando con tu mejor amigo?
¿Montarás una bicicleta hasta la escuela?
¿Irás en patines hasta la escuela?
¿Y llegarás a tiempo?

¿Cómo vas a ir cuando estés lejos?
¿Cómo vas a ir cuando estés lejos?
¿Cómo vas a ir cuando estés lejos?

¿Irás en avión cuando estés lejos?
¿Irás en tren cuando estés lejos?
¿Irás en cohete cuando estés lejos?
¿Y llegarás a tiempo?

¿Cómo vas a ir cuando llegue la hora?
¿Cómo vas a ir cuando llegue la hora?
¿Cómo vas a ir cuando llegue la hora?

1. NAME GAME

My name is Steve.
What is your name ?
My name is Steve.
What is your name ?
My name is Steve.
What is your name ?
You and I are playing, « The name game.»

What is your name?
What is your name?
What is your name?
You and I are playing, « The name game.»

What is your mother's name?
What is your mother's name?
What is your mother's name?
You and I are playing, « The name,
The name, the name game. »

What is the name? What is the name ?
What is the name? What is the name ?
What is the name? What is the name ?
What is the name? What is the name ?

What is your father's name ?
What is your father's name ?
What is your father's name ?
You and I are playing, « The name game.»

What is your best friend's name ?
What is your best friend's name ?
What is your best friend's name ?
You and I are playing, « The name game.»
You and I are playing, « The name game.»
You and I are playing, « The name game.»
You and I are playing, « The name,
The name, the name game.»

2. TICK, TOCK

Tick, tock! Tick, tock!
Want to know the time ?
Look at the clock.
Tick, tock! Tick, tock!
Want to know the time?
Look at the clock.

Say, « What time is it ? »
What time is it ?
It is six o'clock.
It is six o'clock.
It is six A.M.
It is six A.M.
Time to wake up
And have breakfast again.

What time is it ?
What time is it ?
It is eight o'clock
It is eight o'clock
Eight A.M.
Eight A.M.
Time to go to school and see my
Friends.

Tick, tock! Tick, tock !
Want to know the time?
Look at the clock.
I said «Tick, tock! Tick, tock!»
Want to know the time?
Look at the clock.

What time is it ?
What time is it ?
It is twelve o'clock.
It is twelve o'clock.
It is twelve o'clock noon.
It is twelve o'clock noon.
Time for lunch and not a minute too soon.

What time is it ?
What time is it ?
It is four o'clock.
It is four o'clock.
It is four P.M.
It is four P.M.
Time to go to the park and play until dark.

Tick, tock! Tick, tock!
Want to know the time ?
Look at the clock.
Tick, tock! Tick, tock!
Want to know the time ?
Look at the clock.

Say, « What time is it ? »
What time is it ?
It is ten o'clock
It is ten o'clock
Ten P.M.
Ten P.M.
Time to go to bed and say, « Good night my
friends.»

1. ¿CÓMO TE LLAMAS?

Mi nombre es Tania.
¿Cómo te llamas?
Mi nombre es Tania.
¿Cómo te llamas?
Mi nombre es Tania.
¿Cómo te llamas?
Estamos jugando «cómo te llamas»

¿Cómo te llamas?
¿Cómo te llamas?
¿Cómo te llamas?
Estamos jugando «cómo te llamas».

¿Cómo se llama tu mamá?
¿Cómo se llama tu mamá?
¿Cómo se llama tu mamá?
Estamos jugando cómo, cómo, cómo te llamas...

¿Cómo te llamas?
¿Cómo te llamas?
¿Cómo te llamas?

¿Cómo se llama tu papá?
¿Cómo se llama tu papá?
¿Cómo se llama tu papá?
Estamos jugando «cómo te llamas»

¿Cómo se llama tu amigo?
¿Cómo se llama tu amigo?
¿Cómo se llama tu amigo?
Estamos jugando «cómo te llamas»
Estamos jugando «cómo te llamas»
Estamos jugando «cómo te llamas»
Estamos jugando «cómo te llamas»

2. TIC TOC

¡Tic toc! ¡Tic toc!
¿Qué hora es?
Mira el reloj.

¡Tic! ¡Toc!
¿Qué hora es?
Mira el reloj.

Di...¿qué hora es?
Di...¿qué hora es?
Son las seis.
Son las seis.
Seis de la mañana.
Seis de la mañana.
Es hora de levantarnos y comer una banana.

¿Qué hora es?
¿Qué hora es?
Son las ocho.
Son las ocho.
Ocho de la mañana.
Ocho de la mañana.
Es hora de irme para la escuela.

¡Tic toc! ¡Tic toc!
¿Qué hora es?
Mira el reloj.

¡Tic! ¡Toc!
¿Qué hora es?
Mira el reloj.

Di...¿qué hora es?
Di...¿qué hora es?
Son las doce.
Son las doce.
Doce del medio día.
Doce del medio día.
Es hora de comer y estar con mi amiga.

¿Qué hora es?
¿Qué hora es?
Son las cuatro.
Son las cuatro.
Cuatro de la tarde.
Cuatro de la tarde.
Es hora de correr y jugar en el parque.

¡Tic toc! ¡Tic toc!
¿Qué hora es?
Mira el reloj.

¡Tic! ¡Toc!
¿Qué hora es?
Mira el reloj.

Di...¿qué hora es?
Di...¿qué hora es?
Son las diez.
Son las diez.
Diez de la noche.
Diez de la noche.
Es hora de acostarme y decir «¡hasta mañana!»

16. **a)** Would you like to ride in that sailboat?
¿Te gustaría viajar en ese barco de vela?

b) Yes, I would like that very much!
¡Sí, me gustaría mucho!

17. **a)** She is beautiful!
¡Ella es bella!

b) I'm on my way!
¡Estoy en camino!

18. **a)** Do you want to swim?
¿Quieres nadar?

b) No, the water is cold!
¡No, el agua está fría!

19. **a)** May I talk to mother please?
¿Puedo hablar con mamá, por favor?

20. **a)** Good-bye!
¡Adiós!

b) See you tomorrow!
¡Te veo mañana!

get you!
apar!

away!
ue escapar!

bre!

elicious!
o está delicioso!

Activity ● Actividad 1

TOY STORE
List five things in a toy store.

JUGUETERÍA
Escribe cinco cosas que hay en una juguetería.

1. _____   1. _____
2. _____   2. _____
3. _____   3. _____
4. _____   4. _____
5. _____   5. _____

Activity ● Actividad 2

COMPUTERS
List five things that go with computers.

COMPUTADORAS
Apunta cinco cosas que van con las computadoras.

1. _____   1. _____
2. _____   2. _____
3. _____   3. _____
4. _____   4. _____
5. _____   5. _____

Activity ● Actividad 3

RESTAURANT
List five things found in a restaurant.

RESTAURANTE
Apunta cinco cosas que se encuentran en un restaurante.

1. _____   1. _____
2. _____   2. _____
3. _____   3. _____
4. _____   4. _____
5. _____   5. _____

Activity ● Actividad 4

FAMILY
Which words relate to "family"?

FAMILIA
¿Cuáles palabras se relacionan con "familia"?

box	yes no	caja	sí no
father	yes no	padre	sí no
brother	yes no	hermano	sí no
garden	yes no	jardín	sí no
day	yes no	día	sí no
mother	yes no	mamá	sí no
long	yes no	largo	sí no
sister	yes no	hermana	sí no
cousin	yes no	primo(a)	sí no
grandfather	yes no	abuelo	sí no
instrument	yes no	instrumento	sí no
light	yes no	luz	sí no
aunt	yes no	tía	sí no
grandmother	yes no	abuela	sí no
uncle	yes no	tío	sí no

Activity ● Actividad 5

THE GARDEN
Underline items that go in a garden.

EL JARDÍN
Subraya las cosas que van en un jardín.

hose	manguera
eleven	once
question	pregunta
seed	semilla
rake	rastrillo
butterfly	mariposa
worm	gusano
plant	planta
blanket	manta/cobija
tree	árbol
dresser	cómoda
flower	flor
candle	vela
insects	insecto
watch	mirar
fruit	fruta
money	dinero
toaster	tostadora
vegetables	verduras
leaves	hojas

Activity ● Actividad 6

ORDER OF EVENTS
Using the poster as a guide, list the following events in their right order.
Cati is in a restaurant.
Annie and Albert are on the bicycle.
The boys are at the beach.
Sneakers escapes from the dentist.
The boys are eating ice cream.

1. _____
2. _____
3 _____
4. _____
5. _____

ORDEN DE ACONTECIMIENTOS
Usa el cartel como guía para poner en orden correcto los siguientes acontecimientos.
Cati está en un restaurante.
Anita y Alberto están en la bicicleta.
Los niños están en la playa.
Sneakers se escapa del dentista.
Los niños comen helado.

1. _____
2. _____
3 _____
4. _____
5. _____

Activity ● Actividad 7

TRADES

Choose and write the word that best fits.

actor——————— oven
nurse——————— gun
hairdresser——————— medicine
police officer——————— burning
banker——————— screwdriver
fire fighter——————— stamp
mechanic——————— water
plumber——————— money
postal carrier——————— stage
journalist——————— news
cook——————— hair
carpenter——————— hammer

OFICIOS

Selecciona y escribe la palabra que mejor se relacione.

actor ——————— horno
enfermera (o)——————— pistola
peluquera (o)——————— medicamento
policía ——————— quemando
banquero (a)——————— destornillador
bombero (a)——————— estampilla
mecánico (a)——————— agua
plomero (a)/fontanero (a) ——— dinero
cartero ——————— escenario
periodista ——————— noticias
cocinero (a)——————— pelo
carpintero (a)——————— martillo

Activity ● Actividad 8

WHAT ELSE IS ON THE POSTER?
Look at the poster carefully. Find ten things which have not yet been mentioned in any of the other activities. List the ten things you have found.

¿QUÉ MÁS HAY EN EL CARTEL?
Mira al cartel con cuidado. Encuentra diez cosas que no se han mencionado en las otras actividades. Apunta las diez cosas que encontraste.

1. _____
2. _____
3. _____
4. _____
5. _____
6. _____
7. _____
8. _____
9. _____
10. _____

OPPOSITES • CONTRARIOS

Draw a line between each pair of opposites.

Traza una línea entre cada par de contrarios.

big	beautiful	grande	bello (a)
ugly	small	feo (a)	pequeño (a)
empty	inside	vacío (a)	adentro
up	few	arriba	pocos (as)
long	full	largo (a)	lleno (a)
outside	down	afuera	abajo
old	short	viejo (a)	corto (a)
many	new	muchos (as)	nuevo (a)
happy	sad	feliz	triste

ADJECTIVES • ADJETIVOS

Draw a line between the object and the color that go together.

Traza una línea entre el objeto y el color que se relacionan.

blood	purple	sangre	morado
grapes	blue	uvas	azul
sun	green	sol	verde
sky	red	cielo	rojo
coffee	yellow	café	amarillo
grass	orange	césped	anaranjado
carrot	brown	zanahoria	marrón/café
night	black	noche	negro
smoke	white	humo	blanco
cotton	grey	algodón	gris

VERBS • VERBOS

Circle the verbs.

Traza un círculo alrededor de los verbos.

run	correr
chair	silla
sit	sentarse
fix	arreglar
earrings	aretes/caravanas
talk	hablar/platicar
pillow	almohada
bat	bate
curtain	cortina
laugh	reír
hard	duro (a)
crying	llorando
soft	suave
lake	lago
throw	lanzar/tirar
applaud	aplaudir

A CALENDAR • UN CALENDARIO

● Make a calendar for this year. Be sure to include the month, days of the week, days of the month and year.

● On the top portion of each page, draw something that comes to mind about that particular month.

● When finished, staple all the pages together.

● Hang the calendar in your room. Using a pen or pencil, cross off each passing day.

● Remember to answer the following question each day.

Example :
What is today's date?
Today is
Monday, June 23, 2000
day of the week, month, day of the month, year.

● Elabora un calendario para este año. Incluye el mes, días de la semana, días del mes y año.

● En la parte de arriba de cada página, dibuja algo que te venga a la mente sobre ese mes.

● Cuando termines, junta las páginas y engrápalas.

● Cuelga el calendario en tu dormitorio/recámara. Con un lápiz o bolígrafo traza cada día que pasa.

● Recuerda contestar las siguientes preguntas cada día.

Ejemplo:
¿Qué día es hoy?
Hoy es
lunes, 23 de junio de 2000
día de la semana, día, mes, año.